LOS ÁNGELES
GALAXY

Giovani dos Santos

LOS ÁNGELES GALAXY

ODISEAS

JIM WHITING / JASON OLSON

CREATIVE EDUCATION · CREATIVE PAPERBACKS

Publicado por Creative Education y Creative Paperbacks
P.O. Box 227, Mankato, Minnesota 56002
Creative Education y Creative Paperbacks
son sellos de The Creative Company
www.thecreativecompany.us

Diseño de Graham Morgan
Dirección artística de Tom Morgan
Editado por Aidan Whitcomb y Kremena Spengler

Imágenes de Alamy Stock Photo/Peter Robinson, 24, ZUMA Press, portada; Associated Press/CHRIS URSO, 30-31, Fred Kfoury III, 2, KEVORK DJANSEZIAN, 16-17, Seth Sanchez, 6, YUN JAI-HYOUNG, 34-35; Getty Images/Aubrey Washington, 11, Axelle/Bauer-Griffin, 63, Ben Radford, 19, Brian Bahr, 26, Getty Images, 61, Harry How, 40-41, Icon Sports Wire, 51, Jonathan Ferrey, 39, Matthew Ashton - AMA, 70-71, Michael Janosz/ISI Photos, 69, Michael Stewart, 64, Robert Laberge, 14, Shaun Clark, 56, 75, Simon Barnett, 29, Stephen Dunn , 20, Tom Hauck, 8-9; Shutterstock/Photo Works, 46, 58-59, s_bukley, 52; Wikimedia Commons/Calebrw, 78, Marc Berry Reid, 4-5, White House/Pete Souza, 66
Se ha hecho todo lo posible por contactar con los titulares de los derechos de autor del material reproducido en este libro. Cualquier omisión será rectificada en impresiones posteriores si se notifica al editor.

Copyright © 2025 Creative Education, Creative Paperbacks.
Derechos de autor internacionales reservados en todos los países. Ninguna parte de este libro puede ser reproducida de ninguna forma sin permiso escrito del editor.

Library of Congress Cataloging-in-Publication Data
Names: Whiting, Jim, 1943- author. | Olson, Jason, 1981- author.
Title: Los Ángeles Galaxy / Jim Whiting and Jason Olson.
Other titles: LA Galaxy Spanish. | Odysseys in sports: Campeones de fútbol.
Description: Mankato, Minnesota: Creative Education and Creative Paperbacks, [2025] | Series: Odysseys in sports: campeones de fútbol. | Includes index. | Audience: Ages 12-15 | Audience: Grades 7-9 | Summary: "Translated into North American Spanish, a sports history for teen readers of the American soccer club LA Galaxy, highlighting the association football team's championship cups and the players who helped it achieve worldwide fame"-- Provided by publisher.
Identifiers: LCCN 2024028429 (print) | LCCN 2024028430 (ebook) | ISBN 9798889898734 (library binding) | ISBN 9781682778586 (paperback) | ISBN 9798889898054 (ebook)
Subjects: LCSH: Los Angeles Galaxy (Soccer team)--History--Juvenile literature. | Soccer players--United States--Biography--Juvenile literature. | CYAC: Los Angeles Galaxy (Soccer team)--History. | Soccer players.
Classification: LCC GV943.6.L68 W5518 2025 (print) | LCC GV943.6.L68 (ebook) | DDC 796.334/640979494--dc23/eng/20240627
LC record available at https://lccn.loc.gov/2024028429
LC ebook record available at https://lccn.loc.gov/2024028430

Impreso en China

La final de la Copa MLS 2011 en el estadio Home Depot de Carson, California.

Gyasi Zardes

CONTENIDO

Introducción **9**

Un comienzo estelar **17**

1996: Galaxy vs. Mutiny 20

Cobi Jones, Centrocampista 26

Las copas empiezan a llegar **31**

Kevin Hartman, Portero 39

Éxito continuado **41**

Copa MLS, 2002: Galaxy vs. Revolution 45

Landon Donovan, Delantero 46

El doblez de Beckham **48**

Copa MLS, 2014: Galaxy vs. Revolution 51

'Chicharito,' Delantero 56

¿Otro Clásico de California? **59**

El Trafico, 2023: Galaxy vs. LAFC 71

Riqui Puig, Centrocampista 75

Bibliografía seleccionada **76**

Glosario **77**

Sitios web **79**

Índice **80**

LA GALAXY

Introducción

El fútbol (o football, como se conoce fuera de Estados Unidos) es verdaderamente un juego universal. Originario de Europa en el siglo XIX, se extendió rápidamente al resto del mundo. En la actualidad, casi todos los países tienen al menos una liga nacional con varias divisiones. La Fédération Internationale de Football Association (FIFA), el organismo rector internacional del fútbol, está dividida en seis **confederaciones**.

ENFRENTE: Ariel Grazani, del San Jose Earthquakes, lucha por el balón con Adam Frye, del LA Galaxy, durante un partido en el Spartan Stadium de San José, California, el 7 de julio de 2002.

La Confederación de Norteamérica, Centroamérica y el Caribe de Fútbol Asociación (CONCACAF) regula el fútbol en el área geográfica de su título. Cuenta con 41 miembros. Tres, México, Canadá y Estados Unidos, pertenecen a la zona norteamericana. Siete están en la zona centroamericana, y los 31 restantes en la caribeña.

La competición más prestigiosa de la CONCACAF es la Copa de Campeones de la CONCACAF (CCC), que se celebra anualmente. Fundada en 1962 como Copa de Campeones, adoptó otro nombre, Liga de Campeones de la CONCACAF (LCC) en 2008-24. La CCL reúne a 27 de los equipos más poderosos de la confederación en un formato de eliminatoria única a dos partidos. Con 38 títulos, los equipos mexicanos

Wélton Araújo Melo, del LA Galaxy, lucha por el balón durante un partido en el Rose Bowl de Pasadena, California, en 1998.

han dominado históricamente la competición. El resto de los países de la CONCACAF juntos sólo tienen 20. Sólo tres equipos estadounidenses la han ganado: D.C. United (1998), LA Galaxy (2000) y Seattle Sounders FC (2022).

En Estados Unidos, la principal liga es la Major League Soccer (MLS), que comenzó a disputarse en 1996 con 10 equipos. En 2024, la liga contaba con 29 equipos, divididos en las Conferencias Este y Oeste. A diferencia de la mayoría de las demás ligas de fútbol del mundo -en las que el campeón se determina por los puntos obtenidos a lo largo de la temporada-, el vencedor de la Copa MLS se determina mediante eliminatorias tras la temporada regular. El formato cambió en 2023, con partidos de **wild card** de un partido antes de una serie de primera ronda al mejor de tres partidos. Las semifinales y finales de conferencia se disputaron a un partido antes de la final de la Copa MLS. El equipo con el mejor registro de la temporada regular recibe el Supporters' Shield, que se basa en el sistema de puntuación futbolística casi universal de tres puntos por victoria y un punto por empate. Sin embargo, la Copa MLS se considera el trofeo más codiciado por los equipos de la MLS.

Los Estados Unidos también tiene una copa nacional. Ha pasado por varios cambios de nombre desde su fundación en 1913 y actualmente se llama la Copa Abierta Lamar Hunt de los Estados Unidos. La Copa Abierta permite a los equipos más pequeños competir contra los más grandes. Los clubes aficionados disputan las rondas iniciales de la Copa Abierta, a las que se unen más tarde las franquicias profesionales. Se celebran tres rondas iniciales en marzo y abril, antes de la final, a finales de septiembre. Piense en

ENFRENTE Landon Donovan, del LA Galaxy, levanta el trofeo Phillip F. Anschutz después de que el Galaxy derrote al New England Revolution durante un partido de la Copa MLS 2014 en Los Ángeles, California.

un equipo de béisbol de una liga menor, como los Toledo Mud Hens, jugando un partido del torneo contra los St. Louis Cardinals. El Dinamo de Houston derrotó al Inter de Miami por 2-1 en la Copa 2023, en la que probablemente sea la última edición en la que participen todos los clubes de la MLS. En diciembre de 2023, la MLS expresó su intención de eliminar la participación de sus primeros equipos senior, permitiendo en su lugar jugar a los equipos MLS NEXT PRO. Los equipos MLS NEXT PRO son los equipos juveniles de los primeros equipos senior de la MLS. Aunque esta intención fue desmentida más tarde, sólo ocho primeros equipos senior de la MLS compitieron en la Copa Abierta de EE.UU. de 2024, y el resto alineó a sus equipos MLS NEXT PRO.

LA GALAXY

Un comienzo estelar

Casi perdido en medio de las festividades del 4 de julio en EE.UU. en 1988, se produjo un sorprendente anuncio de la FIFA. Aunque el fútbol era -y sigue siendo- un deporte muy popular entre los jóvenes, apenas aparecía en la conciencia deportiva nacional.

ENFRENTE: El portero del LA Galaxy Jorge Campos defiende la portería contra el New York/New Jersey MetroStars durante un partido el 13 de abril de 1996, en Los Ángeles.

Mucha gente pensaba que Brasil, uno de los otros países candidatos, debería haber ganado. El fútbol forma parte de la cultura y la sociedad brasileñas. El país ya había albergado la Copa Mundial en 1950. Su estrella Pelé seguía siendo una de las figuras atléticas más reconocidas en todo el mundo a pesar de haberse retirado más de una década antes. Estados Unidos ni siquiera tenía una liga nacional de fútbol. El anterior intento de crear una, la North American Soccer League (NASL), había fracasado en 1984 por falta de asistencia. A casi nadie parecía importarle su final.

La FIFA esperaba que la organización del torneo en Estados Unidos suscitara un mayor interés por este deporte. Una de las condiciones para ganar la candidatura era que la Federación de Fútbol de Estados Unidos (USSF) creara una nueva liga nacional. El resultado fue la MLS.

El estadio Rose Bowl de Pasadena, California, antes de la final de la Copa del Mundo de 1994 entre Brasil e Italia.

1996: Galaxy vs. Mutiny

El Tampa Bay Mutiny marcó en el primer minuto. Eduardo Hurtado, delantero del Galaxy, empató el marcador con un disparo desde unos 22 metros a falta de 5 minutos para el final. En aquella época, los partidos empatados de la MLS se lanzaban desde el punto de penalti. El portero suplente David Kramer detuvo dos lanzamientos del Mutiny. El Galaxy convirtió cuatro para ganar el partido. Jorge Campos desempeñó una triple función durante la larga y calurosa tarde. Comenzó como portero de la selección mexicana antes de desempeñar el mismo papel en el Galaxy. Luego pasó a ser delantero a falta de 17 minutos para el final. "Fue muy difícil", dijo Campos después. "Estoy muy cansado".

Fundada en 1993, los equipos de la MLS empezaron a jugar en la temporada de 1996. Los Ángeles, uno de los principales núcleos de población del país, era una elección obvia como sede de uno de los 10 equipos fundadores. El apodo del equipo, "Galaxy", era un reflejo natural de las muchas estrellas de cine que vivían y trabajaban en la zona.

Los Ángeles tenía una historia de fútbol a lo grande. Fundado en 1951, Los Ángeles Kickers estaba compuesto inicialmente por inmigrantes alemanes. En pocos años, el equipo se abrió a otras nacionalidades y se convirtió en la potencia futbolística dominante en California. Los Kickers ganaron la National Challenge Cup (nombre anterior de la Copa

Abierta EE.UU. en 1958 y 1964. Incluso realizaron una gira mundial en 1963. El equipo sigue compitiendo hoy en día en las competiciones semiprofesionales y abiertas, como Los Ángeles Soccer Club.

Los Ángeles Aztecs se unieron a la NASL en 1974 y ganaron el título de liga ese año. En los años siguientes, el equipo fichó a superestrellas internacionales como el inglés George Best y el holandés Johan Cruyff. Sin embargo, no pudo igualar su éxito inicial.

Podría decirse que el equipo pre-Galaxy de más éxito fue el Maccabi Los Ángeles Soccer Club. Fue fundado en la década de 1960 por un grupo de inmigrantes judíos europeos como equipo recreativo. Empezó a jugar en com-

"FUNDADOS EN 1951, LOS ÁNGELES KICKERS ESTABA COMPUESTO INICIALMENTE POR INMIGRANTES ALEMANES".

peticiones serias en 1971, cuando varios ex jugadores de la selección israelí se unieron al grupo. Ganó la National Challenge Cup dos años después. El Maccabi ganó cuatro campeonatos más y un par de subcampeonatos. El título de 1977 coronó un año en el que el equipo fue 35-0. El Maccabi se clasificó incluso para la Copa de Campeones

George Best, de Los Ángeles Aztecs, muestra su superioridad con el balón en un partido contra el Cosmos de Nueva York.

de la CONCACAF de 1978. El equipo de competición se disolvió en 1981, aunque el Maccabee Athletic Club sigue existiendo. Las cinco victorias del Maccabi en la Challenge Cup empatan con las del Bethlehem Steel de Pensilvania como el equipo con más victorias.

El primer hogar del Galaxy fue el cavernoso Rose Bowl de Pasadena, con capacidad para más de 100.000 personas. El Galaxy ganó su primer partido en 1996, derrotando al New York/New Jersey MetroStars (ahora New York Red Bulls). Los 69.255 espectadores siguen siendo un récord de la MLS en un solo partido. Cobi Jones marcó en el minuto 37 el primer gol del Galaxy. Arash Noamouz hizo el segundo poco después. Los MetroStars marcaron al final del partido, pero el Galaxy se impuso por 2-1.

Dos semanas después, Los Ángeles jugó contra los San Jose Clash (ahora San Jose Earthquakes) uno de los partidos más importantes de su historia. Desde los primeros días de la creación del estado, debido a diferencias geográficas,

Cobi Jones, Centrocampista

Con sus rastas decoloradas y su exuberancia, Cobi Jones se convirtió en uno de los favoritos de los aficionados cuando jugó con la selección nacional de Estados Unidos en el Mundial de 1994. Jugó en el extranjero durante dos años antes de renunciar a una prometedora carrera internacional para probar suerte en la recién creada MLS. Marcó el primer gol de la historia del Galaxy y estableció varios récords en el club. Jones marcó 70 goles en la temporada regular y asistió en otros 91. Fue el único que jugó las 12 primeras temporadas de la MLS en el mismo equipo. Fue entrenador asistente durante tres años después de retirarse del fútbol.

políticas y culturales, los californianos del norte y del sur han sido rivales. Algunas personas incluso han propuesto separar California en dos estados.

La rivalidad regional se extiende al fútbol. El primer enfrentamiento entre estos dos equipos se bautizó rápidamente como el Clásico de California. "Clásico" se hace eso de rivalidades futbolísticas tan conocidas como El Clásico, entre el Real Madrid español y el FC Barcelona, y el Superclásico, entre el Boca Juniors argentino y el River Plate.

Estas victorias formaron parte de la racha de 12 victorias consecutivas que el Galaxy logró para abrir la temporada. Pero el equipo atravesó una mala racha a mitad de temporada. Llegó a perder cinco partidos seguidos.

LA se recuperó para terminar la temporada con 19-13 y proclamarse campeón de la Conferencia Oeste. Una de las razones fue el delantero ecuatoriano Eduardo Hurtado. Apodado "El Tanque", Hurtado dominaba a los jugadores rivales con sus 1,90 metros y 90 kilos. Sus 21 goles fueron el tercer mejor registro de la liga esa temporada. En su primera participación en la Copa de la MLS, contra el D.C. United, el Galaxy ganaba 2-0 hasta bien entrada la segunda parte. Pero un fallo defensivo provocó un par de goles del D.C. en los últimos minutos. Un tercer gol del D.C. en la prórroga supuso una derrota desgarradora. A pesar de la decepción, estaba claro que el LA Galaxy había empezado con buen pie.

Eduardo Hurtado

LA GALAXY

Las copas empiezan a llegar

El optimismo de la exitosa temporada inaugural se desvaneció en 1997, ya que LA sólo ganó uno de sus ocho primeros partidos. El Galaxy dio la vuelta a la situación y terminó 16-16. Perdió en la primera ronda de los playoffs contra el Dallas Burn. Esa temporada también participó por primera vez en la Copa de Campeones de la CONCACAF. Las victorias sin goles sobre el Club Deportivo Luis Ángel Firpo de El Salvador y el D.C. United, otro equipo de la MLS, colocaron al LA en el partido por el título contra el cuatro veces ganador Cruz Azul de México.

ENFRENTE: Cobi Jones, del LA Galaxy, sostiene la Copa de Campeones de la CONCACAF después de que el Galaxy derrota al Club Deportivo Olimpia de Honduras por 3-2 el 21 de enero de 2001, en Los Ángeles.

Hurtado marcó dos goles en los primeros 15 minutos, para dar al Galaxy una ventaja de 2-0. Pero el Cruz Azul contraatacó con tres goles en un lapso de seis minutos. El equipo mexicano sentenció el partido con dos goles en la segunda parte, ganando 5-3.

El Galaxy empezó 1998 con nueve victorias consecutivas. Combinadas con las victorias en los seis últimos partidos de la temporada regular del año anterior, el equipo estableció una racha de 15 victorias consecutivas, récord de la MLS. Los Ángeles terminó 24-8 y se llevó el Supporters' Shield por primera vez. Esa marca sigue siendo el récord de victorias del equipo en una sola temporada. El Chicago Fire se impuso al Galaxy en la final de la Conferencia Oeste, lo que impidió al equipo aspirar a la Copa de la MLS.

El Galaxy ganó el título de la Conferencia Oeste la temporada siguiente, con 20 victorias. En su segunda temporada como portero titular, Kevin Hartman registró

11 **porterías a cero** y sólo permitió 29 goles. El Galaxy se impuso al Burn de Dallas en una serie de tres partidos en las finales de la Conferencia Oeste. Una vez más, el D.C. United se impuso al LA por la Copa de la MLS, con una victoria por 2-0.

Hasta ese momento, los partidos empatados en el tiempo reglamentario se iban a la tanda de penaltis. La MLS cambió esta norma en la temporada 2000. Como resultado, muchos partidos acabaron en empate. Con el nuevo formato, el Galaxy ganó 14 partidos y empató otros ocho. Cayeron en las semifinales de conferencia, perdiendo una eliminatoria a tres partidos contra los Kansas City Wizards (ahora Sport-

Carlos Ruiz, del LA Galaxy, marca un gol ante el portero del San Jose Earthquakes Pat Onstad durante un partido el 4 de julio de 2004, en Carson, California.

ing Kansas City). El equipo obtuvo mejores resultados en competiciones ajenas a la MLS. Llegó a la final de la Copa Abierta EE.UU. en su segunda participación en el torneo. Pero no pudo superar al Fire y perdió por 2-1.

La historia cambió en la Copa de Campeones de la CONCACAF, celebrada en enero de 2001. El LA se enfrentó a un duro camino hasta la final. Ganó por penales tanto en cuartos como en semifinales. Un gol en los últimos minutos dio al Galaxy la victoria por 3-2 sobre el Club Deportivo Olimpia de Honduras y el primer gran campeonato del equipo.

Ambos equipos jugaban su tercer partido del torneo en cinco días. El Olimpia abrió el marcador de penalti. El Galaxy empató dos minutos después, cuando Alexi

Lalas cedió de cabeza un saque de esquina al defensa Ezra Hendrickson, quien a su vez cabeceó el balón a la red. Tres minutos después, Lalas envió un centro largo a Cobi Jones. Jones batió al guardameta con un disparo entre las piernas de un defensa. El Olimpia empató al principio de la segunda parte. Luego, a falta de 12 minutos para el final, Hendrickson se entendió a la perfección con Mauricio Cienfuegos y dio la ventaja al Galaxy. "Sabíamos que iba a hacer falta algo especial", declaró Hendrickson. "Cienfuegos me pasó un gran balón en el uno-dos, vi la apertura en el primer palo y me lancé a por él". El Galaxy logró la victoria por 3-2. "Somos una liga joven y en desarrollo en los Estados Unidos, y queríamos demostrar que podíamos jugar con los mejores del mundo", declaró el guardameta Kevin Hartman.

Los Ángeles volvió a la final de la Copa MLS en 2001. Pero, por tercera vez, se quedó a las puertas, al perder en la prórroga por muerte súbita contra el Earthquakes de San José. El Galaxy no tuvo tiempo de lamerse las heridas, ya que una semana después se enfrentó al Revolution de Nueva Inglaterra en la final de la Copa Abierta de Estados Unidos. El gol de Ezra Hendrickson en el minuto 70 empató al Galaxy tras un tempranero tanto del Revolution. Luego, a los dos minutos de la prórroga, el defensa Danny Califf cabeceó a la red un perfecto saque de esquina de Cobi Jones. Los Ángeles ya tenía su primer trofeo nacional. "El partido de la semana pasada fue muy emotivo… nos llevó un tiempo superarlo", dijo el entrenador Sigi Schmid. "Pero estar en tres finales este año y ganar dos de ellas es una gran temporada para nosotros".

Kevin Hartman, Portero

La carrera de Kevin Hartman en el instituto tuvo un comienzo difícil. En un partido, encajó seis goles en un tiempo. Mejoró y acabó jugando en la universidad, en la Universidad de California en Los Ángeles (UCLA). Comenzó en el LA Galaxy como suplente de su estrella, Jorge Campos. Cuando Campos se marchó en 1998, Hartman hizo honor a su apodo de "El Gato" al hacerse con el puesto de titular. La temporada siguiente fue nombrado Mejor Portero del Año de la MLS, y el Galaxy obtuvo el mejor registro de la Conferencia Oeste. Ayudó al equipo a ganar numerosos trofeos, como la Copa de Campeones de la CONCACAF, la Copa Abierta de Estados Unidos y la Copa MLS.

LA GALAXY

Éxito continuado

Cuando Los Ángeles entró en la temporada 2002 con tres subcampeonatos de la Copa MLS en seis años, los aficionados esperaban alcanzar por fin la cima de la liga. El lento comienzo del equipo no fue prometedor. Casi a mitad de temporada, el Galaxy sólo tenía un balance de 5-5-2. Además, sufrió la peor derrota de su historia, un 5-0 a manos de los MetroStars (ahora Red Bulls). Sin embargo, el equipo se recuperó y logró un balance de 11-4-1 el resto de la temporada, proclamándose campeón del Supporters' Shield por segunda vez.

ENFRENTE: Steve Jolley, del LA Galaxy, realiza un saque giratorio mientras el San Jose Clash se defiende durante la victoria del Galaxy por 2-1 en la MLS en Pasadena, California.

Una de las razones del éxito final del equipo fue el fichaje de Carlos "Fish" Ruiz, un delantero del equipo Municipal de Guatemala. Al principio, Ruiz no estaba seguro de haber tomado la decisión correcta. "Al principio, no estaba contento de venir aquí. Pero después de un par de partidos, y cuando vi el nivel de fútbol de aquí, me entusiasmó jugar aquí".

Los aficionados del Galaxy también estaban entusiasmados con él. Con 24 goles en su primera temporada en Los Ángeles, ganó la Bota de Oro de la MLS como máximo goleador de la liga. Y lo que es más importante, su gol en la prórroga de la final de la Copa MLS contra el Revolution dio al Galaxy su primera Copa MLS. El defensa Alexi Lalas resumió los sentimientos de sus compañeros cuando dijo: "Sólo pensé: 'Gracias a Dios, ya no tendré que volver a preocuparme por esto'. Es un tópico, pero es cierto que todos los atletas profesionales desean ese momento en el que creces viendo, sosteniendo un trofeo y besándolo, y luego teniendo ese momento icónico en el que alguien hace una foto que dura para siempre. En ese momento, había hecho muchas cosas en el fútbol, pero ganar un campeonato y el primero para el Galaxy significó muchísimo". Tras llegar a la final de la Copa Abierta de Estados Unidos, el LA estuvo a punto de sumar un tercer trofeo. Pero el Columbus Crew dejó fuera al Galaxy y se impuso por 1-0.

El Galaxy hizo otra incorporación clave al año siguiente. Se convirtió en el segundo equipo de la MLS en tener un estadio específico de fútbol. (El Columbus Crew fue el primero en 1999.) Situado en Carson, California, y llamado originalmente Home Depot Center, ahora se conoce como Dignity Health Sports Park. Muchas autoridades creen que contar con estadios específicos para el fútbol es uno de los elementos clave del éxito de la liga. "Esa base permanente te da un indicador del compromiso sustancial que muestra a la comunidad, a los aficionados y al mercado mundial del fútbol que, aunque nuestros estadios sean más pequeños, no somos diferentes de la NFL, la NBA y otras ligas", dijo Don Garber, comisionado de la MLS. "Tenemos nuestros propios edificios".

La temporada también fue testigo de uno de los Clásicos californianos más épicos, por desgracia no del agrado del Galaxy. LA ganó el primer partido de las semifinales de la Conferencia Oeste por 2-0 a los Earthquakes. Cuando marcaron dos goles al principio del segundo partido, parecía que LA iba camino de otra participación en la fase final. Increíblemente, San José marcó cuatro goles sin respuesta -el cuarto llegó en el último minuto del tiempo reglamentario- para empatar en el global. Volvió a marcar en el sexto minuto de la prórroga para ganar por 5-4.

Tras una temporada 2004 mediocre, el equipo fichó a su primera superestrella, Landon Donovan, en 2005. Donovan

Copa MLS, 2002: Galaxy vs. Revolution

Con un récord de 0-3 en finales de la Copa de la MLS, el Galaxy sentía una presión considerable por llevarse a casa su primer título. No ayudó el hecho de que casi todos los 61.316 aficionados -un récord para una final de la Copa- animaran hasta quedarse afónicos al Revolution de Nueva Inglaterra. Ninguno de los dos equipos marcó en el tiempo reglamentario. En la prórroga, un disparo del Revolution que podría haber ganado el partido se estrelló en el larguero. Luego, en el minuto 113, Tyrone Marshall, del Galaxy, corrió por la banda derecha del campo. Envió un centro raso al área para Carlos Ruiz. El "Pez" la tocó una vez para hacerse con el control y luego envió el balón justo al segundo palo para anotar el tanto decisivo.

había sido una espina constante en el costado del Galaxy durante sus cuatro temporadas con el Earthquakes de San José. Tras un breve paso por Alemania, Donovan quería regresar a los Estados Unidos. El San José había traspasado sus derechos, por lo que no podía volver a contratarle. Los directivos del Galaxy se posicionaron para ficharlo y convertirlo en el jugador mejor pagado de la liga. Para ello, tuvieron que traspasar a Ruiz.

Resultó ser un movimiento estupendo. Donovan llevó al Galaxy a ganar dos trofeos importantes, a pesar de que el equipo sólo terminó 13-13-6 en la temporada regular. En primer lugar, el Galaxy venció al Dallas por 1-0 a fina-

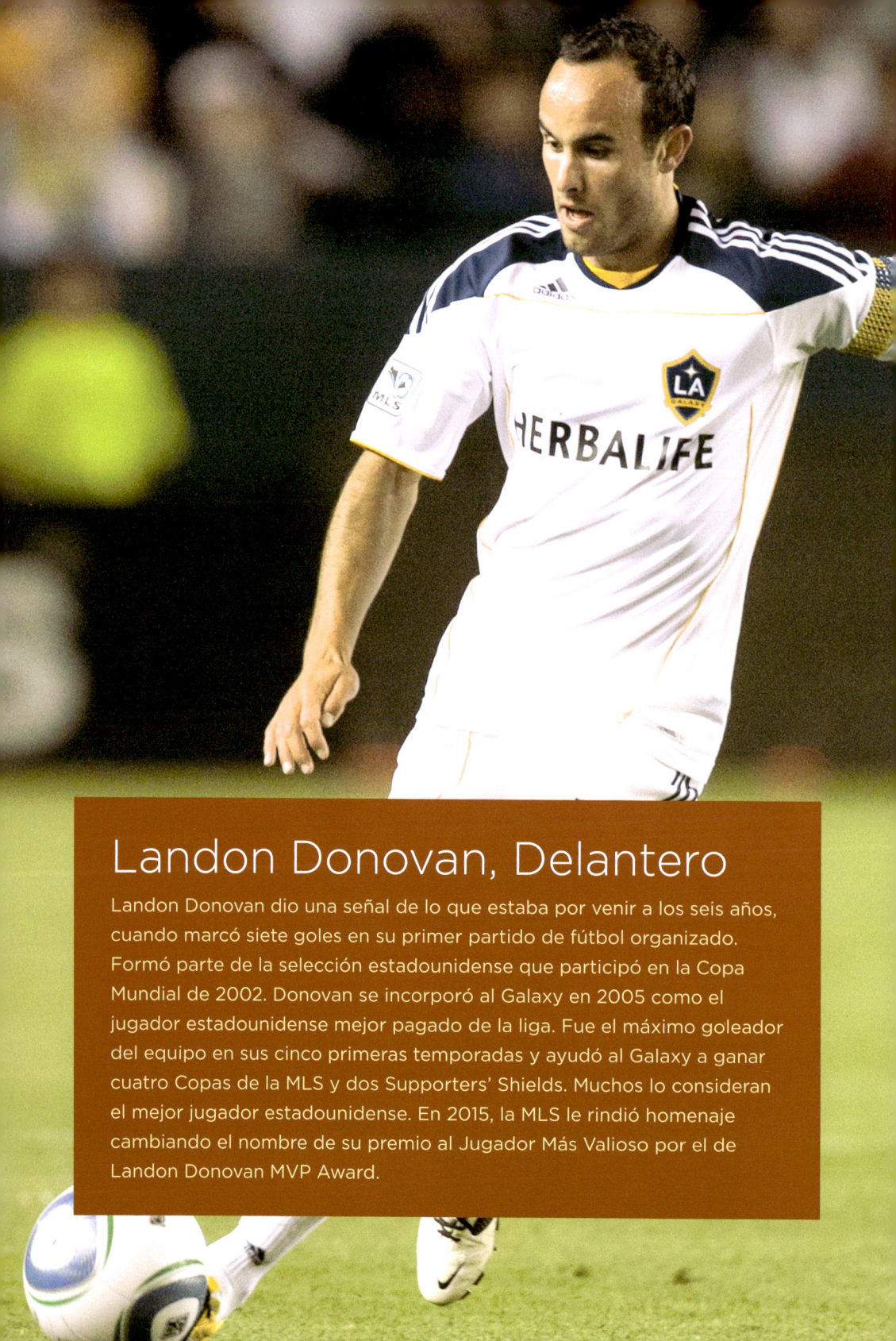

Landon Donovan, Delantero

Landon Donovan dio una señal de lo que estaba por venir a los seis años, cuando marcó siete goles en su primer partido de fútbol organizado. Formó parte de la selección estadounidense que participó en la Copa Mundial de 2002. Donovan se incorporó al Galaxy en 2005 como el jugador estadounidense mejor pagado de la liga. Fue el máximo goleador del equipo en sus cinco primeras temporadas y ayudó al Galaxy a ganar cuatro Copas de la MLS y dos Supporters' Shields. Muchos lo consideran el mejor jugador estadounidense. En 2015, la MLS le rindió homenaje cambiando el nombre de su premio al Jugador Más Valioso por el de Landon Donovan MVP Award.

les de septiembre para ganar la Copa Abierta de Estados Unidos. Hérculez Gómez marcó el único gol a los cinco minutos de juego. Varias semanas después, el Galaxy derrotó al Revolution por 1-0 para alzar su segunda Copa de la MLS. El gol vino de una fuente poco probable: Guillermo Ramírez. Sólo había marcado un gol (en 62 disparos) en la temporada regular, y fue de penalti. Pero su gol en la prórroga dio ae LA la victoria. El Galaxy tenía exactamente el mismo récord en 2006, pero esta vez no habría trofeos. El gol de Alan Gordon en la final de la Copa Abierta de Estados Unidos no fue suficiente para que el Fire derrotara al Galaxy por 3-1.

A estas alturas, Donovan era casi con toda seguridad el futbolista estadounidense más conocido. Pronto, el Galaxy daría la bienvenida a uno de los jugadores más conocidos del mundo y transformaría la imagen de la MLS.

LA GALAXY

El doblez de Beckham

A principios de la década de 2000, quizás ningún futbolista era tan conocido como David Beckham. El 11 de enero de 2007, Beckham anunció con bombo y platillo que dejaría el Real Madrid cuando terminara la temporada para jugar con el Galaxy de Los Ángeles. Había irrumpido en la escena futbolística mundial 11 años antes, cuando su disparo curvo desde su propio campo se coló en la portería del desdichado portero rival. En los años siguientes se convirtió en una superestrella internacional.

Desde muy joven, David Beckham supo el rumbo que quería que tomara su vida. A los 14 años ingresó en la academia del Manchester United y tres años más tarde empezó a jugar profesionalmente. Su carrera fue espectacular, convirtiéndose en el único jugador inglés que ha marcado en tres Mundiales distintos. Fue dos veces subcampeón del premio al Jugador Mundial de la FIFA. En 2007, Beckham se arriesgó y se marchó a los Estados Unidos. En su etapa con el Galaxy, Beckham marcó 18 goles en la MLS y ganó dos Copas MLS. Tras retirarse, se convirtió en propietario del Inter de Miami y fichó a muchos jugadores de talla mundial, como Lionel Messi y Sergio Busquets. Beckham también participa activamente en causas humanitarias.

La película de 2002 *Bend It Like Beckham* recibió críticas mayoritariamente positivas y contribuyó a cimentar su reputación. La película se convirtió incluso en un asunto familiar. Beckham hizo cameos a través de películas de archivo y su esposa, Victoria Beckham (también conocida como la estrella del pop Posh Spice), contribuyó con una canción a la banda sonora.

El fichaje de Beckham implicó algo más que fútbol. Fue negociado por Simon Fuller, más conocido por ser el creador de *American Idol*. La llegada de Beckham a Los Ángeles hizo que celebridades de primera fila compitieran por su atención. Actores como Tom Cruise, Will Smith y decenas más se agolparon en una fiesta de recepción de los Beckham en el Museo de Arte Contemporáneo. Sitios web de cultura pop como Entertainment Tonight y Access Hollywood dieron cobertura a la fiesta. La revista de moda y famosos

Copa MLS, 2014: Galaxy vs. Revolution

El Galaxy quería darle a Landon Donovan su sexta MLS Cup, récord de la liga, en el que anunció que sería su último partido (aunque regresó brevemente en la temporada 2016). Gyasi Zardes marcó para poner a LA por delante, pero el gol postrero de New England Revolution empató el partido, que se fue a la prórroga. Robbie Keane recibió un balón largo de Marcelo Sarvas en el minuto 111 y marcó el gol decisivo que dio al Galaxy su tercera Copa de la MLS en cuatro años. Era la quinta Copa de la MLS para el Galaxy y su entrenador Bruce Arena. El final parecía producto de una película de Hollywood.

David Beckham en la rueda de prensa que le presentó como nuevo miembro del LA Galaxy

W Magazine incluyó a Beckham y a su esposa en un reportaje fotográfico.

A pesar de toda la ostentación y el brillo, Beckham dijo que quería utilizar su fama para hacer más popular el fútbol profesional en los Estados Unidos. "Creo que puedo llevarlo a otro nivel", afirmó. "No habría aceptado el reto si no creyera que puedo tener ese efecto". Beckham tuvo un efecto inmediato en al menos dos áreas. Los aficionados devoraron 11.000 nuevos abonos del Galaxy. Las 42 suites de lujo se ocuparon rápidamente. Y en toda la liga, las ventas de camisetas y otras prendas del equipo experimentaron un aumento espectacular.

Molestado por una lesión de tobillo, Beckham sólo jugó 12 minutos como suplente en su primer partido, una derrota por 1-0 ante el equipo inglés Chelsea FC. Apenas importó a los aficionados que abarrotaron el StubHub Center hasta la bandera. Sus vítores fueron tan largos y ruidosos que Beckham admitió que se sintió "un poco avergonzado a veces". Podría haberse sentido aún más avergonzado si hubiera podido ver la retransmisión en directo por ESPN. A menudo, las cámaras se alejaban de la acción en el campo para enfocar a Beckham sentado en el banquillo.

El equipo pasó apuros en sus dos primeras temporadas, en las que cosechó derrotas. Beckham sólo jugó cinco partidos de liga

"CREO QUE PUEDO LLEVARLO A OTRO NIVEL".

en 2007. En 2008 estuvo a pleno rendimiento, pero el Galaxy sólo logró ocho victorias, el registro más bajo de la historia del equipo. Sin embargo, el récord de victorias y derrotas del LA no fue la principal medida del impacto de Beckham. "No creo que haya ninguna duda de que David ha aumentado la visibilidad de la MLS y del deporte en general", declaró Sunil Gulati, Presidente

"Chicharito", Delantero

Javier "Chicharito" Hernández marcó la cifra récord de 52 goles en 109 partidos con México. Jugó en algunos de los clubes más importantes del mundo: Manchester United (Inglaterra), Sevilla (España), Bayer Leverkusen (Alemania) y Guadalajara (México). Llevarlo al Manchester United desde México costó trabajo. El acuerdo se firmó en secreto, ya que asistió al partido de cuartos de final de la Liga de Campeones de los Red Devils contra el Bayern de Múnich en 2010. Hasta su abuelo creyó que estaba de viaje en Atlanta (Georgia). Después de que el Sevilla consiguiera un traspaso de 9,5 millones de dólares, Hernández se convirtió en uno de los jugadores mejor pagados de la MLS, con 39 goles en 82 partidos.

de la USSF. "Ese impacto tan positivo se dejará sentir durante muchos años".

Para los seguidores del Galaxy, ese impacto empezó a notarse la temporada siguiente. El LA obtuvo el mejor registro de la Conferencia Oeste y llegó a la final de la Copa MLS. Tras empatar 1-1 en el tiempo reglamentario y en la prórroga, el partido se fue a los penaltis. El Galaxy falló el lanzamiento decisivo de la séptima tanda y el Real Salt Lake ganó su primer título. Los Ángeles ganaron su tercer Supporters' Shield en 2010, aunque el Dallas Burn (FC Dallas) se vengó en cierta medida de su histórica paliza de 1998 con una victoria por 3-0 en la final de la Conferencia Oeste.

LA GALAXY

¿Otro Clásico de California?

Los Galaxy incorporaron a otro importado de las Islas Británicas cuando el delantero irlandés Robbie Keane se unió al equipo a finales de la temporada 2011. Se hizo querer por los aficionados de Los Ángeles con su primer gol. Fue en el Clásico de California, con una asistencia de Beckham. Keane se asoció con Beckham y Donovan para llevar al Galaxy a la Copa MLS y al Supporters' Shield.

ENFRENTE: El capitán del Galaxy, Robbie Keane, durante el partido de la MLS entre el Galaxy y el Vancouver Whitecaps, el 12 de abril de 2014, en el StubHub Center.

"PODRÍA DECIRSE
QUE NO HAY NINGÚN
AFICIONADO AL FÚTBOL
EN ESTE PLANETA QUE NO
CONOZCA AL LA GALAXY
Y A LA MAJOR LEAGUE
SOCCER".

En su primera temporada completa con el equipo en 2012, Keane lideró a LA en anotación, una hazaña que repetiría en las siguientes tres temporadas. LA también avanzó hasta las semifinales de la Liga de Campeones de

David Beckham lanza un tiro libre contra los New York Red Bulls.

la CONCACAF 2012 antes de caer ante Monterrey, a la postre campeón.

Beckham anunció su retirada al final de la temporada (aunque jugó brevemente al año siguiente con el equipo francés Paris Saint-Germain), poco después de que el Galaxy ganara su segunda Copa MLS consecutiva. Le llovían los elogios de todo el mundo. Cuando llegó a Los Ángeles,

Beckham dijo que tenía tres objetivos: ayudar al Galaxy a convertirse en un ganador, elevar la calidad del juego en la MLS y aumentar drásticamente el conocimiento de la liga en todo el mundo. "No creo que nadie dude de que ha cumplido con creces cada uno de esos objetivos", afirmó Garber. "Podría decirse que no hay ningún aficionado al fútbol en este planeta que no conozca al LA Galaxy y a la Major League Soccer, y David ha desempeñado un papel importante en ayudarnos a conseguirlo. Fue un embajador increíble para la liga, para el Galaxy".

Después de una temporada 2013 monótona, LA se recuperó al año siguiente para ganar su tercera Copa MLS en cuatro años y la quinta en total, más que cualquier otro equipo. Keane,

La Copa de la MLS se levanta tras un partido contra el Houston Dynamo FC el 1 de diciembre de 2012, en Carson, California.

Steven Gerrard

nombrado MVP de la liga, marcó el gol de la victoria en la prórroga. Aquel partido fue el punto álgido más reciente del equipo. Los Ángeles fichó en 2015 al centrocampista Steven Gerrard, uno de los grandes de todos los tiempos en el Liverpool FC inglés. Marcó en su segundo partido y fue nombrado para el partido de las estrellas de la MLS. Pero tuvo dificultades para hacer frente a las largas distancias necesarias para viajar a los partidos fuera de casa. Gerrard anunció su retirada tras la temporada 2016. Keane también dejó Los Ángeles. Sin ellos, el equipo pasó apuros en la temporada siguiente.

El Galaxy se enfrentó a un nuevo reto. En 2014, la MLS concedió una nueva franquicia de Los Ángeles a un grupo de inversores que incluía

El entrenador de los Galaxy, Bruce Arena, entrega al presidente de Estados Unidos, Barack Obama, una camiseta del equipo en la Casa Blanca el 2 de febrero de 2015.

al gran jugador de baloncesto Earvin "Magic" Johnson, a la ex superestrella del fútbol femenino estadounidense Mia Hamm-Garciaparra y a su marido Nomar Garciaparra, jugador de los Medias Rojas de Boston. Los inversores bautizaron a su equipo como Los Ángeles Football Club (LAFC). "Los Ángeles es un mercado diverso y vibrante, con millones de aficionados al fútbol, y esperamos una

"ESPERAMOS UNA INTENSA RIVALIDAD ENTRE EL GALAXY Y LOS ÁNGELES FOOTBALL CLUB".

intensa rivalidad entre el Galaxy y Los Ángeles Football Club", declaró Garber.

Los partidos entre el Galaxy y el LAFC se conocen como El Tráfico y ocupan el lugar de su antiguo *derbi* con el desaparecido Chivas USA, conocido como el Superclásico. El único otro partido de rivalidad entre ciudades en la MLS se llama Hudson River Derby, entre New York

Red Bulls y NYCFC. El Tráfico se ha caracterizado por muchos goles y partidos reñidos y competidos, independientemente de la forma del club fuera del derbi. Las aficiones guardan mucha animadversión desde la llegada del primer El Tráfico en 2018. En el primer derbi de 2019 en el Dignity Health Sports Park, campo del Galaxy, el LAFC llevó un convoy de 17 autobuses de aficionados que llegaron vestidos de camuflaje y adelantaron muchas secciones en el campo de los visitantes, tomando la idea del club alemán Dynamo Dresden. La estrella del Galaxy Zlatan Ibrahimović marcó un impresionante hat trick en la victoria por 3-2.

Zlatan Ibrahimović, del LA Galaxy, se eleva por encima de Luis Martins, del Sporting Kansas City.

El Trafico, 2023: Galaxy vs. LAFC

Riqui Puig enganchó un disparo desde el borde del área para marcar el 1-0 en el minuto 26. En el minuto 57, Illie Sánchez fue el primero en llegar a un saque de esquina botado por Denis Bounga y remató de cabeza al primer palo. Boyd provocó el delirio de los seguidores del Galaxy en el minuto 73, cuando centró el balón al área, donde Puig sincronizó su deslizamiento para desviar el balón dentro del segundo palo con su bota derecha y hacer el 2-1. LAFC mantuvo la presión con múltiples ocasiones de gol, pero la defensa del Galaxy se mantuvo fuerte para vencer a sus rivales de la ciudad.

Diecinueve años después de comenzar su carrera profesional en Malmo (Suecia), Ibrahimović dio el salto a Los Ángeles en 2018. Marcó 52 goles en 56 partidos antes de regresar al AC Milan después de la temporada 2019. Lideró al equipo con 22 goles en 2018 y 31 goles en 2019, lo que estableció el récord goleador de la franquicia para una temporada. Ibrahimović es el segundo después de David Beckham en términos de fichajes de alto perfil para el Galaxy. Ibrahimović fue incluido en la lista de la FIFA de los mejores jugadores actuales en 2013 y en el Equipo del Año de Europa en 2007, 2009, 2013 y 2014. Fue cuarto en la votación final para el Balón de Oro en 2013, que se concede al mejor jugador del mundo.

El Tráfico se ha convertido en una cita ineludible en el calendario para todos los aficionados al fútbol. El Galaxy no conoce la derrota en los cinco primeros enfrentamientos en El Tráfico (2-0-3), mientras que LAFC ha ganado 5 de los últimos 7. Ante un récord de la MLS de 82.110 aficionados en el Rose Bowl, el Galaxy derrotó al LAFC por 2-1 el 4 de julio de 2023. Riqui Puig y Tyler Boyd marcaron un gol y dieron una asistencia cada uno. Un penalti bien lanzado por Puig en la segunda parte marcó la diferencia. Puig fue nombrado Jugador de la **Jornada** y Boyd consiguió el Gol de la Jornada.

E l Galaxy ha formado parte de tres de las cuatro mayores afluencias de público de la historia de la MLS. El Charlotte FC recibió al Galaxy en su primer partido en casa en 2022, que LA ganó por 1-0 ante 74.479 espectadores en el Bank of America Stadium. Efraín Álvarez marcó un "golazo" que dio la victoria a los suyos por la mínima. El Atlanta United recibió al Galaxy el 3 de agosto de 2019, con el cuarto mayor número de espectadores en ver un partido de la MLS, ya que 72.548 vieron la victoria del Atlanta United por 3-0 en el Mercedes-Benz Stadium.

Quizás ningún equipo haya compilado un récord más distinguido en la historia de la MLS que el LA Galaxy. En 2024, había ganado cinco Copas de la MLS, más que ningún otro equipo. Algunos de los nombres más importantes del fútbol han jugado en el LA, y sus aficionados confiaban en que su equipo les deleitaría con aún más trofeos en los años venideros.

Riqui Puig, Centrocampista

El centrocampista español acumuló 10 goles y seis asistencias en 41 partidos en sus dos primeras temporadas con el Galaxy. El Jugador del Año 2023 de los Galaxy terminó la campaña con nueve goles y ocho asistencias, además de ganarse un puesto en el equipo de las estrellas de la MLS. Lideró la MLS en toques (2.752) y pases acertados entrando en el último tercio del campo (640) y fue segundo en regates completados (92) y pases completados (1.892) y sexto en ocasiones creadas a balón parado (55). En el pasado, las estrellas europeas han llamado a Estados Unidos su hogar durante el ocaso de su carrera. En el caso de Puig, ha ocurrido lo contrario, ya que el canterano del Barcelona se mudó a Estados Unidos a los 21 años.

Bibliografía seleccionada

Baxter, Kevin. "Galaxy upbeat knowing most starters will return, including Riqui Puig and 'Chicharito.'" *Los Ángeles Times*. 1 de noviembre de 2022.

Dempsey, Luke. *Club Soccer 101: The Essential Guide to the Stars, Stats, and Stories of 101 of the Greatest Teams in the World*. Nueva York: W.W. Norton, 2014.

Goldblatt, David, y Johnny Acton. *The Soccer Book: The Sport, the Teams, the Tactics, the Cups*. 3ª ed. Nueva York: DK, 2014.

Parker, Graham. "The U.S. Open Cup: A Quiet Century of Soccer History." *Al Jazeera America*, 1 de octubre de 2013. http://america.aljazeera.com/articles/2013/10/1/the-us-open-cup-aquietcenturyofsoccerhistory.html.

Wahl, Grant. *The Beckham Experiment: How the World's Most Famous Athlete Tried to Conquer America*. Nueva York: Crown Books, 2009.

Glosario

Bota de Oro — premio que se otorga al máximo goleador de una competición de selecciones

confederación — una organización que consta de varios grupos

derbi — una rivalidad entre dos clubes, normalmente entre vecinos de la misma ciudad

forma — cómo juega un equipo o un jugador

global — los goles combinados marcados en una serie de dos partidos (en casa y fuera)

jornada — día o semana en que se disputa un partido de fútbol

portería a cero — cuando un portero no encaja ningún gol en todo el partido

wild card — en la Major League Soccer, es una plaza en los playoffs que se otorga a los cuatro equipos con mayor puntuación total en la liga, independientemente

David Beckham

Sitios web

California Clásico Flashback - El Mejor Comeback en la MLS, San Jose vs. LA Galaxy 2003 Playoffs LA Galaxy 2003 Playoffs
https://www.youtube.com/watch?v=un0owvnCPzk
Vea la épica remontada de cinco goles de San José para eliminar al Galaxy de los playoffs de 2003.

Cobertura completa de la Copa Abierta de EE.UU.
https://thecup.us/
Consulte horarios, resultados, estadísticas e historia de la Copa Abierta de EE.UU.

LA Galaxy
https://www.lagalaxy.com/
Lee sobre los partidos y programas de LA Galaxy, compra entradas.

Los Angeles Times
https://www.latimes.com/sports/soccer/la-sp-lafc-galaxy-20180331-story.html
Kevin Baxter detalla los dos goles tardíos de Zlatan Ibrahimović que llevaron al Galaxy a una victoria por 4-3 sobre LAFC en 2018.

Índice

Arena, Bruce, 51, 66
Beckham, David, 48, 49, 50, 52, 53, 54, 55, 59, 61, 72
Best, George, 22, 24
Bota de Oro de la MLS, 42
Califf, Danny, 38
California Clásico, 27, 44, 59
Campos, Jorge, 16, 17, 20, 39
Cienfuegos, Mauricio, 37
Copa Abierta Lamar Hunt de EE.UU., 13, 15, 22, 36, 38, 39, 43, 47
Copa de Campeones, 10, 23, 31, 36, 39
Cruyff, Johan, 22
Dignity Health Sports Park, 43, 68
Donovan, Landon, 14, 15, 44, 45, 46, 47, 51, 59
estadios, 5, 11, 19, 25, 43, 54, 59, 72
finales de conferencia, 13, 28, 32, 33, 44, 57
Garber, Don, 44, 62, 66
Gerrard, Steven, 64, 65
Gómez, Hérculez, 47
Gordon, Alan, 47
Gulati, Sunil, 55
Hartman, Kevin, 32, 37, 39
Hendrickson, Ezra, 37, 38
Hernández, Javier ("Chicharito"), 56
Hurtado, Eduardo, 20, 28, 29, 32
Ibrahimović, Zlatan, 68, 69, 72
Jones, Cobi, 25, 26, 31, 37, 38
Jugador Más Valioso (MVP), 46, 62
Keane, Robbie, 51, 58, 59, 60, 62, 65
Kramer, David, 20
Lalas, Alexi, 37, 42
Liga de Campeones de la CONCACAF, 10, 56, 60
Los Angeles Football Club (LAFC), 66, 67, 68
Marshall, Tyrone, 45
National Challenge Cup, 21, 23
Noamouz, Arash, 25
nombre del equipo, 21, 22, 23

North American Soccer League (NASL), 18, 22
primeros equipos de Los Ángeles, 21, 22, 23, 24, 25
Puig, Riqui, 71, 73, 75
Ramírez, Guillermo, 47
Ruiz, Carlos, 35, 42, 45
Sarvas, Marcelo, 51
Schmid, Sigi, 38
Supporters' Shield, 13, 32, 41, 46, 57, 59
United States Soccer Federation (USSF), 18, 57
Zardes, Gyasi, 51